U0526088

学会说话

这样说话就对了

龙兄（程龙）_编著

电子工业出版社
Publishing House of Electronics Industry
北京·BEIJING

编辑说明

◎为了客观呈现新媒体的"真实面貌",对于一些当前十分流行但不符合出版规范的网络用语,本书采用语义相近的词语进行替代。

◎为了真实呈现互联网语境下的语言表达习惯,书中的部分内容,特别是在新媒体中常用的各种形象化词汇,尽可能"原汁原味"地保留约定俗成的表达方式,文中不再赘述。

自序

一个人每天必须做的事情，除了吃饭、睡觉，还有说话。

跟家人沟通时，我们要说话；跟同事谈项目时，我们要说话；跟领导汇报工作时，我们要说话；跟客户谈判时，我们要说话；跟朋友聊天时，我们要说话；做公众演讲时，我们要说话；教育孩子时，我们要说话……

不会说话的人，跟家人沟通时，会导致冷暴力、争吵，甚至大打出手；跟同事谈项目时，会降低工作效率、影响同事关系；跟领导汇报工作时，会经常被领导指责："你到底在讲什么？能不能讲重点？"；跟客户谈判时，气势会被对方碾压；跟朋友聊天时，一开口就"把天给聊死"；做公众演讲时，不会活跃气氛，使全场死气沉沉的，讲台下面聊天的声音比演讲的声音还大；教育孩子时，要么导致孩子唯命是从，要么直接把孩子的叛逆情绪给激发起来。

　　一个人平均每天要说几千个字。这些字讲得如何、讲给多少人听，直接影响这一天的"价值"及未来的"价值"。良言一句三冬暖，恶语伤人六月寒。

　　在这个时代，不管是在职场中还是在家庭中，甚至是在相亲时，不会说话的人都特别吃亏。

　　大学毕业那年，来自农村的我，因为表达能力不太强，连工作都找不到，屡次无法通过面试。后来我被迫开始学习演讲，经过不懈努力，演讲能力大幅提升，说话能力也自然得到了提高。因此，我的命运被彻底改变。我从一个不太会说话的"草根"，成为国际演讲会大区负责人、三本演讲类畅销书的作者，也获得了到苹果公司工作的机会。现在，我是一名创业者，我的使命就是提升1亿中国人的说话能力。

　　如果没有提高说话能力，我可能要被迫回老家，做自己不喜欢的事情，过那种可以一眼看到老的生活。所以，我深刻地理解会说话的意义，也希望每一个人都能够学会说话，成为被别人喜欢的人。

　　为了帮助大家学会说话，我联合了几十位在各个领域特别会说话的朋友，用简单、高效的方式，为大家分享了12个大场景下不同小场景的说话技巧。每个技巧都配有真实的案例，让你读起来很轻松，用起来很惬意。

本书是坚持星球家族成员集体智慧的结晶，他们都是各个领域的说话高手。

参与本书创作的作者包括申昊杨、朱红、徐锋、赵力静、马洋、李兵、勾海燕、邵旭梅、司斯、赵越、许雄伟、杨航涛、盛连军、王园园、郭慧丽、张群、陈宇、刘娇元、时辉辉、郭锐、倪志远、尚晓霞、翁丽、张宁华、吴万香、张鉴、党福辉、鲁伟、唐丝思、杨静、何磊、贾媛、郑云松、李燕玲、赵少坤、黄巧儿、孙刚、陈霞、李文娟、李红月、何玉钗、晏羽花、杨兴、周煜、刘璐、梁淑贞、党琳萍、田瑞清、张静、耿玲、金飞峰、袁文、许玲、韦森龙、王立、陈春月、田楠、丁小程、周李萍、朱怡、吴华云、曹文宇、蒋琪、李文婷、杨萍萍、耿桂玲、刘政兵、曹洁、王雪、王玲琪、张巧丽、朱丽莎、陶霞、骆红梅、吴春燕、白研伸、王薇、谢子逸、张景恒、钟磊、胡秦瑜、谢平、马天翔、陈佳、孙庆岩、永泽、李娜、艾琳、胡冰沁、吴贵芳、王文娟、靳亚茹、樊元智、薛蕊、王娟、刘娟娟、张林、曹志国、李珍。

对于他们毫无保留的分享,我心怀感恩。

这本书可以作为你的枕边书或口袋书,没事的时候翻一翻,翻完直接用,你的生活一定会因此变得更美好。

目录

CONTENTS

第一辑	当众演讲	1
第二辑	夫妻间说话	13
第三辑	与长辈说话	25
第四辑	亲子对话	35
第五辑	朋友间说话	47
第六辑	与陌生人说话	57
第七辑	说话关键点	69
第八辑	说话情绪	81
第九辑	上级对下级说话	93
第十辑	下级对上级说话	103
第十一辑	同级间说话	115
第十二辑	营销话术	127

第一辑
当众演讲

001 通过「开场三问」激发听众的兴趣

很多学员都有这样的困惑,他们无法在一开场就激发听众的兴趣,于是越讲越没信心。今天给你分享一个好用的开场方式,叫作"开场三问",也就是在演讲开场时提出三个问题,激发听众的兴趣。注意,这三个问题应该是封闭式问题,听众只需回答"是"或"不是"就可以了。

举个例子:

如果你想给大学生推荐我在喜马拉雅的课程《从小白到演讲高手的20堂课》,在开场时可以这么说:"认为演讲对于职场发展非常重要的同学请举手,好多人啊!认为自己的演讲能力已经很棒的同学请举手,很多同学的手都放下了哦。想用轻松、高效的方式提升演讲能力的同学请举手,不错,在场99%的同学都举手了。今天我给大家介绍一位演讲教练和他学习演讲的经历,他就是龙兄。"这么开场,你就可以激发听众的兴趣了。

002 吸引听众注意力的好方法

你在讲话的时候一定遇到过听众注意力不集中的情况,虽然他们看似在听你讲,但是实际上并没有听进去。那怎样才能把听众的注意力拉回来呢?我给你分享五句拉回听众注意力的话,十分管用。

第一句:"接下来要讲的,是我近一年来收益最大的一句话。"

第二句:"大家注意,下面我要讲的,对你们很重要。"

第三句:"这个故事我在任何地方都没讲过,你们是第一批听到的。"

第四句:"下面,我将给大家分享一个重要的秘密。"

第五句:"我接下来要讲的内容很重要,注意,我只讲一遍。"

你可以试着举一反三,想一想,还有什么内容能够吸引听众的注意力呢?比如,刘谦的名言"接下来,就是见证奇迹的时刻"等。

003 演讲中的加分项

每位演讲者都希望自己在舞台上有感染力，提升感染力的方法很多，今天给你分享一个好方法——使用道具。在一般情况下，大家可以使用什么道具呢？

举个例子：

乔布斯在发布 iPad Air 时用了一个纸袋作为道具，当他从纸袋里拿出 iPad Air 时，现场的听众感到十分震惊，雷鸣般的掌声顿时响了起来。苹果公司的每次发布会都会演示真机，这些真机其实也是道具。

我的朋友李菘曾获得全国演讲大赛的冠军，有一次，他以"太监"为主题做演讲。在演讲中，他拿了一个太监的玩偶做道具，非常形象。我在培训时也经常使用各种各样的道具，比如，我先拿出一个矿泉水瓶，再跟学员讲，只有保持一种"空杯"的心态，才能倒进去更多的水，学到更多东西。想一想，你在演讲过程中，还可以使用哪些道具呢？

004 用好同音字结构

今天给你分享一个既干练又"高大上"的演讲结构,我称之为同音字结构。什么是同音字结构?很简单,就是找三个同音不同意的字,然后依次展开去讲。

我先给大家分享三个"SHI",第一个"SHI"是指事情的"事",首先要把事情做好;第二个"SHI"是指市场的"市",做好事情后,再想想怎么把市场做好;第三个"SHI"是指势能的"势",这个"SHI"是最重要的,学会借势和造势,才能干成大事。

我再给大家分享三个"JING",第一个"JING"是指干净的"净",保持身体和心灵干净;第二个"JING"是指尊敬的"敬",对待任何人都要保持尊敬;第三个"JING"是指冷静的"静",无论周遭环境多么喧嚣,你都要让自己保持冷静。除了这三个"JING",你还可以讲竞争的"竞"、赛的"竞",只要跟你要传达的目标一致即可。

好了,你还能想出什么同音字呢?

005 高效、实用的首字母提炼法

今天给你分享一个非常高效、实用的表达技巧，叫作首字母提炼法。确认你要讲的几个英文单词，然后把这几个单词的首字母提炼出来，将其组合成一个新的单词。

我在《谁说你不能坚持》一书中采用的模型就是首字母提炼法。如果你想要坚持做一件事，需要有 Goal（目标）、Action（行动）、Love（热爱）、Adjustment（调整），这四个单词的首字母拼起来就是"GALA"，我称之为"GALA 模型"。类似的用法还有经典的"SWOT 战略分析模型"，分别是 Strength（优势）、Weakness（劣势）、Opportunity（机会）和 Threat（威胁）。还有设定目标的"SMART 原则"，以及非常流行的"4D 领导力""DISC 测评"等。

这样的首字母提炼法既简单又"高大上"。如果你的目标受众懂英文，那完全可以用，但如果目标受众不懂英文的话，还是用拆字法吧。

006 为听众制造惊喜的秘诀

同样的内容,有的人讲起来平淡无奇,有的人却能讲得荡气回肠,区别就在于是否掌握了制造惊喜的秘诀。今天跟你分享一个公式,教你如何营造戏剧感,让你的话语达到引人入胜的效果。这个公式有三步,"你知道吗+想象一下+抛出惊喜"。先提出某个常见的困扰,再畅想问题已经被解决的美好场景,最后把你的惊喜抛出来。

举个例子:

你可以这样说:"你知道吗,戴眼镜的人最常见的烦恼就是眼镜戴久了眼睛容易发酸。想象一下,如果有一副眼镜,就算戴上一整天,也根本不会让你觉得眼睛有负担,是不是很神奇?告诉你,它已经被发明出来了,就是我手上的这副。"这个技巧不仅适用于介绍商品,对于写文案也非常有用。

所有精彩的故事,都要以激发好奇心为前提。

007 如何拯救演讲"故障"

在演讲时，最尴尬的事情，就是你提出了问题，讲了个段子，结果台下没人响应。其实这是在提醒你，听众的注意力跑偏了。这时，你只需要按照这四个字去做——"做出改变"。

也就是说，改变自己的位置，转换演讲风格，把听众的注意力拉回来。

比如，听众没反应，可能是你之前语速太快，大家听不明白，或是之前语速太慢，让人昏昏欲睡。这时，你可以试着放慢或者加快语速，重新吸引听众。如果之前演讲的情绪一直比较平缓，你可以试着高亢一点；如果之前演讲的气氛比较严肃，你可以试着搞笑一点。台上的任何变化，都会让听众马上关注你。演讲不仅仅是讲出准备好的内容，还包括演讲过程中的随机应变。

生命的本质不是安全，而是改变。

008 用好"相当于",数字不再冷冰冰

在演讲中我们难免要讲到一些数字,数字给人的感觉总是冷冰冰的,有时还让人难以理解。这个问题如何解决呢?很简单,你只需要在讲完数字后加上"相当于"这三个字就可以了。

举个例子:

乔布斯在 2001 年发布了 iPod,其最大的卖点就是 5GB 超大存储空间。但是,大家理解不了 5GB 是什么概念。乔布斯就使用了"相当于",他说,5GB 相当于把 1000 首歌装进口袋。香飘飘奶茶的广告词"一年卖出 7 亿多杯"也很直观,相当于把杯子连起来绕地球 2 圈。我的一个学员这样使用"相当于":新工厂占地 600 亩,相当于 60 个标准足球场那么大。

你看,使用"相当于"是不是让冷冰冰的数字变得直观了呢?

009 主持人串词应该这样说

今天给大家分享讲好主持人串词的小妙招，方法很简单：先感谢，再总结，然后邀请下一位选手。

假设你主持一场演讲比赛，那就需要先感谢上一位参赛选手，再对他的表现进行简单的总结，然后介绍下一位选手，承上启下。所以你需要提前做功课，充分了解比赛的整体流程及选手信息。

在比赛中进行串场时，你可以这么讲："感谢王刚的精彩演讲，他用精彩的故事让我们感受到了母爱的力量。接下来，我们有请第3位参赛选手，张红，他的演讲题目是《我爱学习》，《我爱学习》，有请张红。"在这个例子中，我运用了一个串场小技巧，即按照"姓名、题目、题目、姓名"的顺序介绍选手。如果你主持的比赛非常严肃，可以不用做总结，直接按照"姓名、题目、题目、姓名"的顺序介绍选手即可。

010 从这个角度切入,你也能成为演讲高手

演讲有两种,一种是干巴巴地讲道理,另一种是生动地讲故事。毫无疑问,有故事的演讲更容易传播,因为人天生喜欢听故事。如果你一时想不到有什么故事可以和听众分享,那么不如试着从这个角度切入,即你的"决定性时刻"。

就算你的经历再普通,也总会有几个改变你生活轨迹的关键事件。

比如,你换了一个城市生活、裸辞、向女神大胆表白……这些都可以是你的"决定性时刻"。你可以讲讲,当时你有什么样的心理变化,最后怎么做的选择,后来有了哪些改变等,如果能把这些内容说清楚,就是一个好故事。讲述的时候还要注意,一定要有细节,要展示时间、地点、氛围、对话、心理变化等,这样才能把故事讲得有声有色。

你讲的故事,就是你的自我形象。

第二辑
夫妻间说话

001 缓和冷战的小技巧——「说软话」

在生活中,你是否偶尔会和家人一言不合就翻脸,继而冷战,谁也不肯低头,导致家庭氛围异常尴尬,却又不知如何化解呢?

这里教大家一个方法——学会"说软话"。

举个例子:

有一次我和老公冷战后,想要缓和一下尴尬的氛围,我跟他说:"小可爱,你气够了没有?我的小心脏跳得厉害,它可能是想你了……"然后老公就笑着过来抱了抱我,安抚我受伤的小心脏,一场冷战也就此结束。这样简单的一句软话,就能立刻缓和冷战带来的尴尬。

家本身就不是一个讲道理的地方,家人之间吵架、闹情绪也大多不是因为原则性的问题,所以你要学会适当地说一些软话,这并不会影响你的尊严,只会让家变得更加温暖。

002 夫妻之间这样沟通，让彼此更恩爱

两个人过日子，最重要的是什么？我觉得是不抱怨。以前我跟老公经常吵架，回过头反思，发现几乎全是因为抱怨。

比如，有一次我们全家去旅行，到了目的地，大家想合影，老公发现自拍杆忘带了。这事如果发生在以前我肯定会跟老公抱怨："千叮咛万嘱咐，你怎么还是给忘了？"因为一点小事就迅速指责对方，不吵起来才怪呢。现在我会尽量不说任何抱怨的话。我会说："老公，都怪我，忘记提醒你带自拍杆了。"或者说："亲爱的，我记得你带了，再好好找找，要是真没带就买个新的。"

夫妻恩爱的关键，是不断注意自己说话的方式，时刻谨记不去抱怨，这样你就能赢得幸福，收获美满。

003 换个思路，巧用"类比法"

我们在与人沟通时经常会走入"死胡同"，公说公有理，婆说婆有理，互相争执，甚至产生冲突。此时不妨换个思路，用"类比法"就能形象地说明问题，如果有幽默感，效果会更好。

有一次我和老公聊着聊着就吵了起来，他生气地吼道："我以后再也不跟你说话了！"我没有像往常那样跟他吵，而是默默走开了。冷静后，我笑着跟他说："老公，你真是越活越年轻了。"他很好奇地问我原因。

我说："只有小孩子吵架时才会说'我妈妈是这么说的，你们说的都不对'，然后再来一句'我不跟你玩了'，你看，你刚刚不就是变回小孩了吗？"

老公一下就笑了，自觉无理，一场冲突就这样被巧妙地化解了。

004 情绪同步，让语言更有亲和力

有的人是聊天高手，但有人一开口就能终结话题。与人交流最舒服的方式，就是遵守利他原则。站在对方的角度，感受对方的快乐，体会对方的悲伤。想让对方感受到我们的亲和力，就要做到情绪同步。

夫妻如果为教育孩子的事情争吵，在沟通时，双方就要站在对方的立场来感受、认同对方的情绪。你可以说"我知道你为什么生气，如果是我也会生气的"，而不要说"你怎么就知道发火"之类的话让矛盾升级。让对方知道你认同他的情绪之后，再试着讨论问题并协商解决问题的办法，事情就会往好的方向发展。

情绪同步，说起来容易，做起来难。与其说是技巧的修炼，不如说是心性的修行。

005 尽量不要和女生讲道理

有个朋友曾经气哄哄地跟我吐槽他的女朋友不讲道理,两个人吵得不可开交,谁也说服不了谁,一会儿激烈地热战,一会儿又处于冷战之中。我直接问他:"你为什么非要跟女朋友讲道理呢?"

根据我的经验,大部分女生都是偏感性的,对她们而言,你越讲道理就越容易激化矛盾。最好的做法就是用爱来解决问题。我当时跟他分享了三招:第一,道个歉;第二,抱一下;第三,亲一口。朋友一开始咽不下这口气,最后还是按我说的做了。回去之后,他先道歉,然后给了女朋友一个拥抱,再亲了一口,后面发生什么事情我就不知道了。总之,他们和好了。

请记住:道个歉、抱一下、亲一口,争吵会离你们越来越远。

006 想埋怨别人的时候,记得这么说

想埋怨别人的时候,一定记得:先表示肯定,再提要求。

某个晚上,我带着工作情绪回家,看了一眼整洁的地板和阳台上晾好的衣服,什么都没说,而是直接问妻子:"有没有浇花?"妻子还没来得及说话,我就没好气地说道:"你干活儿就不能主动点吗?"

来到餐桌前,我看到了热腾腾的饭菜和一个奶油蛋糕,才想起今天是自己的生日,于是很后悔刚才那么说话。

相信很多人对妻子的委屈和丈夫的懊悔感同身受。我们总是把工作上的情绪带回家,无形之中伤害了家人。如果换个方式,先表达肯定,再提要求,问题就可以解决了。

"老婆,今天辛苦你了,擦了地板,洗了衣服,咱们吃完饭一起把花浇了吧!"这是我现在的说话方式。先去肯定别人的付出,再提出自己的要求,结果一定能皆大欢喜!

007 追问"还有吗",激发成就感

在日常沟通中,别人说话后,会期待你积极的反应。积极的反应会让对方感觉你认真听了并且对话题有兴趣,从而感受受到了尊重,因此更愿意说下去。那我们要怎样创造这种感觉呢?

有一个方法是追问"还有吗"。追问能让对方积极思考更多的方案和可能性,激发其潜能和成就感,同时帮你真正了解对方内心深处的想法。

举个例子:

爱人回家说:"我升职加薪了!"你可以说:"太棒了,我真为你骄傲!快告诉我当时的情况。"当爱人描述后,你可以追问几个"还有吗",鼓励爱人继续说下去。

追问"还有吗",会让对方感受到你的鼓励和重视。营造良好的氛围,会让你们的谈话更加顺畅。

008 终止负能量的"IDP 挖坑法"

当我们面对亲近的人时，因为卸下了防备，有时难免会有抱怨，这时如果任由负能量蔓延，就会引发一场战争。今天我们分享一个终止负能量的方法："IDP 挖坑法"。

"I"代表 Identify，即察觉到对方的负能量。

"D"代表 Dig，即按照对方的错误理论，给他挖一个坑。

"P"代表 Perceive，即继续沿着对方的观点，讲个笑话，帮助他自我察觉。

举个例子：

妻子跟你抱怨："我的同事真是一群'猪'，又懒又笨。"聪明的丈夫会这样说："我老婆真不容易，在一群'蠢猪''笨猪'里，出了我老婆这么个聪明的'猪'。"这样说，保证会逗得妻子哈哈大笑，她也会意识到，把同事说成"猪"是不对的。

大家可以尝试一下，别急着否定对方的抱怨，顺着他的抱怨挖个坑，讲个笑话，就会终止负能量的传播。

009 多说好话，利人利己

说话要说好话，话多不如话少，话少不如话好。

以前，我每天早上叫老公起床，我就喊："丑八怪老公早上好！"他也回我："丑八怪老婆早上好！"后来我让他找找我的优点，第二天，他的问候如下："聪明可爱的媳妇儿早上好！"我也回复："聪明帅气的老公早上好！"

听着老公悦耳动听的声音，我觉得老公特别帅。多说好话，让我们越来越甜蜜。

说好话如同口吐莲花，说坏话如同口吐毒蛇。说好话利人又利己，说坏话害人又害己。说错话不仅会伤害别人，还会挡住自己的路。我们要多说好话，多说别人的优点。每天口吐莲花，你会越来越优秀！

010 学会大方地赞美对方

今天给你分享的是大方地赞美对方的小技巧,这是一种人生智慧,我妈妈做得非常好。

小时候,我放学后特别想先出去疯玩,然后再回家做作业。有一天,我妈妈带我去邻居家,里面有很多人。妈妈跟邻居说:"我儿子可听话了,放学后就先回家。"结果,就为了妈妈这句话,我就算再想出去玩,也会乖乖地先回家。

面对自己的爱人,你也可以用这种方法。你希望他如何表现,就往那个方向夸他吧。

第三辑

与长辈说话

001 用"搜集法"提升父母的幸福感

随着生活节奏越来越快,我们陪父母的时间越来越少,偶尔回家也是手机不离手,让父母感觉很失落。

给大家分享一个可以迅速提升父母幸福感的方法——"搜集法",也就是搜集父母以前的照片、荣誉证书等珍贵的资料,让父母重温美好时光。

有一次我回家,看到妈妈抽屉里有一张她年轻时的照片,我拿出来问妈妈:"这张照片是在哪里照的啊?您那么时尚,还烫了卷发呢!"妈妈绘声绘色地给我讲了她和闺密第一次去萝峰寺踏青的故事,没想到一张小小的照片能让妈妈这么开心。

再回家看望父母时,一定要多搜集资料,跟父母一起重温美好时光,让他们更加幸福快乐。

002 与长辈沟通缺乏耐心？快用「PAR法」

我们有时会遇到一些爱唠叨的人，他们的话我们不爱听，但又不得不听。怎样才能不显露出你很不耐烦呢？你可以使用"PAR法"，也就是Patience（耐心）、Agree（同意）、Repeat（重复）。

举个例子：

过年的时候，我们要回老家看望爷爷、奶奶，他们总会跟我们唠叨一些往事，这时候就可以用上"PAR法"。首先要耐心听老人讲完话，接着点头，表示同意他们的看法或当时的做法，最后重复他们的观点或关键词。这样做，老人会认为你在认真听他们的故事、认真与他们交流，一定会很开心。

再遇到想逃避的沟通场景时，不妨用"PAR法"。耐心一点，多点头，表示同意并重复他们的观点，这样就能完成一次完美的沟通。

003 做个"软柿子",争吵远离你

我们平时在和家人、朋友沟通的时候,经常有人不怎么注意对方的感受,说狠话。婚恋专家曾公布了一个调查结论:那些总在吵架时说狠话的夫妻,很少能够在一起超过五年。

我从我的伯父、伯母身上,学到了一个很有效的沟通法:做个"软柿子"。

伯母是急性子,风风火火,说话粗声大气,动不动就大吵大闹,甚至指责伯父。而伯父看起来像个"软柿子",很少跟她吵架。

伯母生气的时候,他就安静地在一旁看电视。但当伯母的怒气过去后,他总会轻声细语地和伯母讲道理,一场争吵通常就这么化解了。

硬碰硬地对话,不但解决不了问题,还会伤害最亲近的人,这时不妨做个"软柿子"。

004 先亮出『礼物』，再温柔开口

有时，我们很容易因为一些小事跟家人闹僵，如果不及时解决，小事就会变大事。今天就给你分享一个化解矛盾的小技巧：先亮出"礼物"，再温柔开口。

举个例子：

你一直不愿意让婆婆给孩子乱买衣服，一不小心说了句："您以后别给孩子在市场上买衣服了，我们都是在商场买的。"结果，婆婆一直跟你生闷气。

你可以试着这样解决矛盾，先给婆婆买件好看的衣服，亮出"礼物"，然后再温柔开口："妈，我知道您节省惯了，但我现在收入高了，应该让您享受好的生活，以后，您和孩子的衣服就全都让我来买吧！"这样说，婆婆肯定会对你露出笑容。

看，带上"礼物"再温柔开口，冰释前嫌没那么难。

005 每天夸一夸，胜过玫瑰花

如果有人每天都夸你，你会不会觉得自己特别有魅力，幸福感爆棚？所以，要把"每天夸一夸"这个技巧用在家人、朋友身上，每天都给你在乎的人一些赞美。

我儿子每天会夸奶奶："奶奶，你织的毛衣真好看！""奶奶，你做的饭是世界上最好吃的饭。"他们祖孙俩的关系非常融洽。于是我就模仿儿子去夸老公："今天这家餐厅选得不错。""这件衣服很衬你的肤色。"慢慢地，我们之间的关系变得更融洽。

张杰曾在一个娱乐节目中说："夫妻之间，最重要的不是钱，是你对伴侣身心健康的滋养。"

无论是亲人、爱人还是朋友，最好的相处方法就是相互赋能，相互滋养，让他从你的眼里看到更好的自己。

006 同理心沟通法

今天给你分享一个化解争执的"同理心沟通法"。这招是从我老公那里学来的。

有一次我和婆婆发生争执,回房间就跟老公喊:"你看看你妈!"

老公跟我说:"就是,她也太过分了,我都听不下去了。老婆别生气,真不值得。"当时我的气就已经消了一半了,然后我老公接着说:"你歇着,我出去和她好好理论一下,还能不能好好说话了!"

一场"大战"就这样被化解了。以后我每次跟婆婆起冲突,都会想起老公的话,也就根本吵不起来了。

同理心"驶入",一招化解争吵。

007 多说一句话，助你事半功倍

每个人都希望被人尊重，尤其是单位的前辈，他们本来就因为年龄大了有失落感，所以特别希望有人能把他们放在高位上。当你需要他们帮忙的时候，他会瞬间将你看为知己。

举个例子：

前段时间单位组织专家评审会，名单上超过一半的都是已退休的前辈。当我给他们打电话沟通时，都会刻意加上这么一句话："您是这方面的前辈，我希望您能多给我们一些指导！"

看似简单的一句话，让他们觉得非常舒服，每个人都很开心地答应了下来。

多说这句话，办起事来会事半功倍。一来，能瞬间拉近双方关系；再者，前辈会觉得你很"上道"、有眼力，一定愿意倾囊相助。

# 第四辑

亲子对话

001 尊重孩子，给孩子选择权

我们总希望孩子听话，可是每个孩子都有自己的想法，如果用强硬的态度对待他，只会让孩子越来越叛逆。今天给你分享一个和孩子相处的小妙招：给孩子选择权。

举个例子：

吃饭时间到了，孩子却在看电视，全家都在等他一个人。如果这时候命令孩子过来吃饭，强硬地关掉电视，孩子可能会哭闹不止，这时让他吃饭对他的身体也不好。

我们可以试着让孩子选择："宝贝，现在我们要关掉电视了，你可以选择不吃饭，也可以选择吃完饭再看 10 分钟电视，你想要哪一种？"这时，孩子就会权衡利弊，乖乖地来吃饭了。

与其命令孩子，不如尊重孩子，给孩子选择权，反而会达成我们预期的效果。

002 "游戏化"沟通法

孩子不听话，是所有父母在亲子沟通中都会遇到的难题，今天给你分享一个小妙招——"游戏化"沟通法。遇到孩子不愿意做的事情，我们需要花点心思，把命令设计成游戏，也就是用他所喜欢的形象或故事来包装你的命令。

举个例子：

有一次我的妻子跟女儿说："你可以帮妈妈把那袋垃圾扔掉吗？"女儿拒绝了她。我换了"游戏化"的沟通方式，对女儿说："朵朵，咱们做个游戏，把垃圾袋当成驴，用手里的棍子来抬驴，好不好？"

女儿听到后高兴地说"太好啦"，然后飞快地把垃圾袋拿到了楼下。

利用"游戏化"沟通法，不仅能让孩子听话，还增进了亲子关系，这种方法也可以用在与同事或朋友间的沟通中，赶快开动脑筋试试吧！

003 「抱一抱」沟通法

当你亲近的人犯错误时,也许你会发怒、气急败坏甚至大吵大闹,而对方可能会找尽借口、据理力争、摔门而去……

今天给你分享一个化解冲突的小技巧:"抱一抱"沟通法。

举个例子:

国庆节放假的第二天,儿子晚上十点半才回家。我没有跟他吵,他一进门我就拥抱他,说:"你终于回来了,爸妈很担心你,你这么晚还在外面不安全,下次一定要注意。"我看到他脖子上有伤,还关切地问他痛不痛。儿子跟我说了细节,表示很愧疚,还答应我下次一定早点回家,不让家人担心。而这不正是我期待的吗?

抱一抱,可以让人感觉放松。

对于亲近的人,不要吝啬你的拥抱。

004 "一问到底"沟通法

当遇到问题时,我们都想快速解决,但往往"欲速则不达"。这时不妨使用"一问到底"沟通法。一路追问下去,就能找到问题的根源,从而轻松解决问题。

举个例子:

今天早上,孩子起床时随口说:"好困呀……"

于是,我问了他一个问题:"宝贝,你为什么会困呀?"

他回答道:"因为昨天晚上睡得太晚了。"

我又追问:"为什么睡得晚了呢?"

他说:"是因为我做作业的速度太慢了。"

我继续追问:"为什么太慢了?"

他说:"因为我做作业的时候东张西望。"

我又继续追问:"你为什么东张西望呢?"

他不好意思地说:"因为我没有集中注意力。"

你看,这样一直追问下去,我就找到了问题的根源,从而能更好地帮助孩子。

005 "红灯思维"沟通法

我们在情绪稳定的时候，都能保证说话得体，不失风度。但在遇到令我们愤怒的事情时，我们一般都无法控制自己的情绪，结果说出来的话伤人伤己。

这时你可以使用"红灯思维"沟通法，也就是先深呼吸9秒，再开口说话。

举个例子：

有一次，我的孩子期中考试不及格，回到家告诉我后，我火冒三丈。正准备跟他喊时，我意识到自己情绪失控了，于是我采用"红灯思维"法，先深呼吸9秒，缓冲了一下情绪，9秒后神奇的事情发生了，我好像没有刚开始那么生气了，说出的话也温和了很多，于是避免了一场语言暴力。

情绪失控后不要急着说话，用"红灯思维"沟通法，先停9秒，结果会大不一样。

006 提前交代法

如今，几乎每个人都被家务、孩子、工作搞得很焦躁，如何才能减少焦虑，特别是不把焦虑传递给孩子呢？你可以使用提前交代法。

我女儿小时候，我工作非常忙，常常要出门不能陪她。为了让女儿稳定情绪，我就把自己置身于女儿当时的状况，问自己："我最需要妈妈做什么呢？"我的答案是："我想让妈妈陪我，我想知道妈妈要去哪里，多长时间能回来。"想到这些，我就对女儿说："宝贝，妈妈特别爱你，不过妈妈现在要出去上班，晚上 6 点之前就能回来。"

每次都提前给孩子一个交代，她就会慢慢建立起安全感，在成长的过程中情绪就会很稳定。提前交代法也同样适用于我们与家人、同事、朋友的沟通。

007 "示弱型"沟通法

很多孩子都有逆反心理，你越强势，他就越不听你的，这时，换一种方式反而会更有效。今天就给你分享一个"示弱型"沟通法，也就是，不要命令或指责对方，而是温和地告诉他，你需要他的帮助或配合。

举个例子：

幼儿园小班的孩子经常在吃饭的时候把饭掉在地上，我每天都跟他们说："不要把饭掉在地上，我生气了！"可是一点效果也没有。

有一天我换了种方法，对孩子们说："宝贝们，老师今天肚子疼，你们不要把饭掉在地上，好吗？"当他们吃完饭后，我惊讶地发现地上居然没有一粒米饭。

这样说，孩子的被需要感、被重视感、责任感瞬间被激发。

学会适当示弱，你会发现你的孩子真的很棒。

在爱人面前示弱，你将收获一个幸福的家。

008 "不比较"说话原则

养育一个孩子和养育两个孩子的方式并不相同,有二宝的家庭,该如何平息孩子之间的矛盾、争吵?你可以使用"不比较"说话原则。

作为父母,你绝对不能用夸一个孩子的方式去激励另一个孩子,这样只会起到反作用,在孩子心中种下嫉妒、竞争的种子。

那要怎么夸孩子呢?

举个例子:

你可以说"宝贝,你画画好认真,色彩用得很好",但不要说"你画得比弟弟好多了"这种话。

当然,有的孩子可能不死心,非要缠着你追问到底谁画得更好,你可以找一个合理化的差异,说:"你画得好很正常,因为你比弟弟大两岁啊。"这才是对孩子最好的回答。

"不比较"说话原则对于培养孩子或待人接物,都非常适用。

009 具体肯定法

当孩子取得成绩时，我们经常会说"你真棒"，其实这只是一个"一般表扬"，是远远不够的。我们需要使用"具体肯定法"，也就是肯定"事实"+"具体行为"，具体说出孩子到底哪里做得好。

比如说，你5岁的儿子在幼儿园获得了讲故事大赛一等奖。

"一般表扬"是对孩子说："儿子，你真棒，得了第一名。"

"具体肯定"则是对孩子说："儿子，这段时间你一直在刻苦练习，是你的坚持让你收获了第一名的好成绩，我为你的坚持点赞。"

你发现了吗？"一般表扬"会让孩子沉浸在第一名的荣誉里，"具体肯定"则会让孩子知道自己应该继续保持什么样的好品质，这样才能塑造孩子的正确行为。赶快用起来吧！

010 "甜点加皮鞭"说话法

每个人多少都有些自己并未察觉的坏习惯，你如果直接指责他，不但达不到效果，可能还会让他不高兴。你可以使用"甜点加皮鞭"说话法，也就是在夸赞对方的同时，顺便指出他的错误，使对方能自我察觉并主动改变。

举个例子：

我的女儿常常看完书就随手乱放，之后找不到书还乱发脾气。于是，在女儿看书时，我就这样对她说："宝贝，你这么爱读书，真是咱家的榜样，你带领咱家都爱读书了。要是你能养成看完书把书放回原处的好习惯，就更棒了！"

我用了"甜点加皮鞭"说话法后，女儿真的把坏习惯改了。

在生活中不妨常用"甜点加皮鞭"说话法，润物细无声，让对方主动改变自己的一言一行。

第五辑

朋友间说话

001 找到对方身上的闪光点

莎士比亚说,赞美是照在人心灵上的阳光,没有阳光,我们就不能生长。请你思考一下,赞美跟拍马屁有什么区别呢?我觉得,最大的区别是,有没有真正发现对方的闪光点。

每个人身上都有闪光点,希特勒的写作能力强、演讲能力强、领导力和军事才能也很强;容嬷嬷忠心、执行力强,可以创造性地解决问题。

我对人性进行了分级,最差的一种人永远只看别人的缺点,并随意谩骂,比如网上的"喷子";有的人只看缺点但不说出口;有的人能发现别人的闪光点;更厉害的人能发现闪光点并赞美对方,将对方的闪光点变成自己的闪光点。当你找到别人的闪光点后,你会发现,你变得温暖而富有正能量。

002 表达感激分三步

很多人表达感激只是说句"谢谢",这样会让对方觉得你在敷衍他。你可以使用"表达感激三步法",让对方感受到你满满的诚意。

第一步:说事情,说出对方具体在哪方面帮到了自己。第二步:讲需要,讲出自己的哪些需求被解决了。第三步:谈感受,说出自己有多么高兴。

举个例子:

当朋友帮了你之后,你可以这么说:"你对运营岗位的前景分析真是让我受益匪浅。我觉得我有必要去挑战一下运营岗位,我很高兴,谢谢你。"使用这样的方式表达感激,绝对诚意满满。

003 多用『我』，少用『你』，说话更有效

我们在跟别人说话的时候，总是习惯用"你"开头，例如，"你烦死了""你太不听话了""你能不能这样"。其实，为了让对方能听进去你说的话，不妨换个人称，把"你"换成"我"，如这样表达，"我很累""我希望你……"

如果一味地将焦点放在"你"身上，会使对方产生抗拒情绪，而说"我"，则会让对方更理解你。

举个例子：

约会时朋友迟到了，我们在抱怨时，一般会用这两种说法。

第一种说法：你怎么这么晚才来。

第二种说法：我等到花儿都谢了。

第一种说法是指责对方，第二种说法是表达自己的感受，显然后者更能让对方接受。

在说话时，多使用"我"，才能让彼此敞开心扉，建立良好的关系。

004 相同感官法

我们总是钦佩那些侃侃而谈的精英,其实,他们在社交场合中游刃有余,并不是与生俱来的,而是隐藏着重要的技巧。今天给你分享一个"相同感官法"。每个人在说话时都会调动各个感官,如听觉、视觉、触觉等,只要体会到对方主要使用哪种感官,然后顺着他的模式去回应,就能让两个人的情绪在同一个频道上。

举个例子:

假如朋友跟你聊起他对未来的展望,那么你可以从视觉的角度去回应,跟他说:"加油,我仿佛已经看到你每天埋头看书、写字的身影了。"还有"这听起来不错""我能理解你的感受"等,都是很好的感官沟通句式,能够让对方觉得你真正理解他的感受,并回应到了点子上。

005 "粉碎标签"沟通法

当我们与别人沟通时，往往会在潜意识里给对方贴上"标签"，如"高富帅""白富美"等。当我们存在这样的潜意识时，我们在说话时往往会带上一种先入为主的偏见。我们在与人沟通交流时，要把对方当成一个普通人，而不是给他贴"标签"。

举个例子：

我的一个客户总是绷着脸，说话很不客气，因此同事们都不喜欢她，给她贴上了"难搞"的"标签"。我在跟她沟通时用了"粉碎标签"沟通法，把她当成一个普通的客户看待。结果，与她沟通几次之后，我发现她像换了一个人似的，对我特别客气。

所以，不要戴着有色眼镜看人。在谈话时先撕掉你给对方贴的"标签"，这样的沟通才会达到事半功倍的效果。

006 大胆地当众赞美对方

你知道吗？在公众场合赞美一个人，尤其是在有他认为很重要的人在场时赞美他，比一对一赞美的效果更好。

我在苹果公司工作时，有位同事特别擅长当众赞美别人。当我们开会时，在他做完汇报后，他先是赞美自己项目组的两位伙伴非常配合，接着赞美其他项目组的同事认真负责，最后感谢老板的无条件支持。当被这样赞美之后，在场的每位同事都感觉心里暖暖的，团队凝聚力也更强了。乔布斯也经常在发布会上请自己的核心团队起立，接受听众热烈的掌声。

当你在公众场合发言时，尽量去赞美重要的人吧。如果不方便赞美的话，也可以想办法点到重要的人的名字，对方会有一种被尊重和被认可的感觉。

007 在日常生活中贯穿"第二天"的礼貌

通常,人们在给予对方某样东西后,如果能知道对方有怎样的感受,会感觉更加安心,获得更大的满足感。

比如,我们去旅游时带回一些好吃的零食,分给朋友一起品尝。如果对方第二天特地来跟你说"昨天的零食真的很好吃",我们一定会更加开心。这就是"第二天"的礼貌。

"第二天"的礼貌并不是特指第二天,而是代表过了一段时间以后。因为有时候,对方帮助了我们或者分享给我们某样东西,要过一段时间才能起作用。

比如,朋友给你推荐了一个课程,你学习了几个月后,发现真的有用,你在事业上的表现更出色了,这时候,千万别忘了把成果告诉他并表示感谢。

在日常生活中贯穿"第二天"的礼貌,你会越来越受欢迎。说话之道就是透过说话,把别人放在心上。

第六辑
与陌生人说话

001 初次见面的"汉堡说话法"

想要迅速拉近与陌生人的距离，你可以使用"汉堡说话法"。这个技巧就像我们平时吃的汉堡，共分为三层，层层深入：先示意，再寒暄，然后进入主题。

第一步：先示意，打个招呼，用微笑及肢体语言上的示意先让对方卸下心理防备。

第二步：再寒暄，找共同点，拉近距离。

第三步：进入主题，开始正式交谈。

举个例子：

在会议中，你可以用这种说话方式结识陌生人："您好，我叫杨静，您可以记为'安静的杨树'，很高兴认识您。我是邯郸人，成语'邯郸学步'的邯郸，我们家乡的面食很好吃。我从事销售行业已经十年了，对于这个行业的现状，我是这样理解的……"

这就是与陌生人破冰的"汉堡说话法"，在很多社交场景中都可以应用。

002 积累人脉的「间谍法」

从认识别人到积累人脉,如何顺利转化呢?这里给你分享一个"间谍法"。

间谍法分为三步:初次见面、建立联系、持续见面。

独立战略营销顾问小马宋成功"勾搭"罗振宇的经历如下。

首先是初次见面的理由。2014年的中秋节,小马宋通过大量购买罗辑思维的月饼,获得了和罗振宇见面的机会。

在自我介绍环节,小马宋分享了自己在2万用户的公众号卖出1万本书的经历,成功吸引了罗振宇的注意,这就有了建立联系的理由。

后来,他们确认了合作关系。在合作的过程中,双方不断展示价值、深入交往。

人脉绝不是见过面、加了微信好友就建立起来了,更重要的是要有建立联系的理由和持续见面的理由。

003 沟通不顺利？不如把TA当成你的『情人』

我们面对不太熟悉的人，有时会不知道该说什么，今天就教你一招——把对方当成"情人"来对待，这样会促使我们为博对方一笑而费尽心思去找方法，从而产生更好的沟通效果。

比如，很多人加入了不少微信社群，其中，群里有很多自己欣赏的人。通常，我们硬着头皮加了对方好友，说了句"你好"就没了下文。

如果把对方当成你的"情人"呢？你会让好不容易遇到的男神、女神溜走吗？其实，你可以看看TA的朋友圈，为TA定制一个专属小表情，这样很可能让对方心生欢喜。

如果你不知道如何交流，那么不妨把对方当成你的"情人"，想办法制造惊喜，这会激发你的创意。

004 多说实话，效果更佳

在生活中，我们总是喜欢说一些"善意的谎言"，这虽然是为了照顾对方的感受，但有时候反而是在伤害他。给你分享一个能大幅提升沟通能力的表达技巧：多说实话。

比如，我是做财商教育的，每天都有很多人来找我咨询关于投资的事情。我通常不会跟他们说投资可以让他们挣到多少钱，而是先提醒他们投资的风险。这种跟同行完全不同的说法，反而会引起他们的注意。

我会对他们说："我曾帮助一万人避开投资的'雷'，我是真的把您当朋友，所以我必须说实话。"之后，我再把自己总结的投资方法分享给他们，因此获得了不少客户，并且真的和他们成了朋友。坚持说实话，生意才会源源不断地找上门。

005 给对方『贴标签』，提高社交能力

在日常社交中，跟欣赏我们的人交流，总会让我们感到很开心。强调对方的长处，永远是一种有效的互动方式。今天就给你分享一个小技巧——"贴标签法"，也就是把对方的长处提炼、升华成"标签"。人们总是喜欢被赋予正面的"标签"，因为这不仅能让他们更自信，还能成为他们今后夸赞自己的依据。

比如，看看下面两个表达方式。

第一种："你认识那么多人，好厉害啊。"

第二种："你认识那么多人，不愧是社交达人、人脉大王。"

哪一句更能突出对方的长处呢？明显是后者。这其中，"社交达人"和"人脉大王"就是"标签"。

在我们和别人沟通的过程中，一定要竖起耳朵，迅速抓住对方的长处，然后浓缩成对应的"标签"说出来。你相信一个人说的话，常常是因为他说了你想听的。

006 赞美也要雨露均沾

在公众场合,如果我们只赞美一个人,那么其他人难免会不舒服。所以要注意,在人多的时候,赞美也需要"雨露均沾"。

举个例子:

有一次,我同时接待两个客户,我跟其中一个客户比较熟悉,我就一直在赞美她。后来我注意到,另一位客户的脸色慢慢变得不太好看了,话也少了。我意识到,这是因为我忽略了她的感受。后来我观察了她的衣着打扮,对她也进行了真诚的赞美,于是她也融入了交谈,最后我们三个人愉快地达成了合作。

所以,在公众场合赞美某人的时候,要考虑没被赞美的人的感受,把你的赞美也给到其他人,做到"雨露均沾"。

007 "糖衣炮弹"说话法

平时在和客户交流时,最糟糕的状况莫过于客户没完没了地抱怨,甚至发火。与对方争吵或唯唯诺诺好像都不太合适,这时我们应该怎么办呢?

给大家分享一个"糖衣炮弹"说话法,就是在说话的时候先裹上一层"糖衣",目的是创造更好的说话氛围,缓解紧张的气氛。

举个例子:

客户买了一台车,第二天他就气冲冲地把车送了回来,说是有刮痕。这时你就加上"糖衣",说:"您可真细心,您是什么时候发现这个刮痕的?昨晚提车时还没有发现呢。"

你肯定了他,沟通才能顺利地进行下去。我们无法改变事实,但是可以改变态度。与其抱怨,不如改变。

008 「早不说」赞美法，让人越来越喜欢跟你打交道

在生活和工作中，经常有人为我们提供帮助，可很多时候，我们除了回复一句"谢谢"，就不知道该说什么了。

给大家分享三个有魔力的字——"早不说"，这三个字不仅表达出了感谢，还能让对方更喜欢你。你可以说：哎呀，你这个建议对我太有帮助了，你怎么早不说呢？

有一次公司举办沙龙，我做开场主持人。当主持结束后，一个同事给我提了建议，希望我能多跟听众互动。我当时就对他说："是啊，我怎么没想到，你给我的建议真是太有帮助了，你怎么早不说呢？"后来，我们从普通同事变成了很好的朋友。

在感谢的时候加上"早不说"，会让你的谢意显得特别真挚，让对方觉得他真的对你有很大的帮助，非常有成就感。赶快用起来吧！

009 先让对方『嗨』起来

我有一次到广州出差，叫了一辆专车。放行李的时候，我发现车的后备厢里有香蕉和木瓜，像是刚刚采摘下来的。当20分钟的行程结束后，司机送给我两个熟了的香蕉，还有一公一母两个木瓜。这是我人生中第一次吃到刚刚从树上摘下来的新鲜香蕉和木瓜。20分钟的车程到底发生了什么呢？我只做到了这四个字——让司机"嗨"。

那如何让司机"嗨"起来呢？分三步：第一步，找话题；第二步，倾听；第三步，回应。话题就从新采摘的水果开始。我开始发问，司机就跟我聊起他的老家。在他讲话的过程中，我很认真地倾听，时不时地做出回应。我问他，新鲜的香蕉跟水果店卖的香蕉有什么不同？水果店卖的香蕉是怎么催熟的？如何区分木瓜是公是母？

这一路我获得了新知识，司机也收获了好心情。

010 学会自嘲,让你的演讲更幽默

大家都知道,在演讲中幽默感非常重要。如果你能把听众逗笑,就表明你得到了听众的喜爱。技巧有很多,今天跟你分享的技巧是自嘲。能让听众笑的一个深层次的原因就是他们产生了优越感,演讲者通过调侃自己,也就是自嘲,就可以产生这样的效果。

举个例子:

高晓松就是一个特别会自嘲的人,他的昵称叫作"矮大紧",分别是"高晓松"三个字的反义字。他还在节目中讲道,一个人不能高高在上,高高在上,一定会有人骂你。以前一直有人骂他,直到他开始在微博发布奇丑无比的自拍照,就再也没有人骂他了。高晓松发布自己特别丑的自拍照,就是一种自嘲的社交方式。

第七辑

说话关键点

001 做好『输出式输入』，学习效果大增

大部分人输入知识的方式都是没有目的地看书、听节目或者听演讲，我希望你不要这么做，而是进行"输出式输入"，这是什么意思呢？就是先有输出的目的，再进行有针对性的输入。

举个例子：

我上高一时学习成绩突然变好，不是因为我天赋异禀，也不是因为我特别爱学习，而是因为坐在我前面的班花学习成绩特别差。她听不懂老师讲的内容，就回过头来问我。我想，在班花面前不能丢人呀。为了能够帮她解答问题，我会提前一天预习每个学科的内容，还经常在晚上给老师打电话请教，这就叫"输出式输入"。

你在做输入时，要想好，输入的东西应该如何输出。这么做，学习效果大增。

002 提高毅力的好方法——"微行动"

很多人都知道输出很重要,可自己坚持不下去,该怎么办?今天给你推荐一个非常好用的提高毅力的方法,叫作"微行动"。

阻碍我们行动的最大因素就是"启动",也就是决定开始这个行动是最难的。就像我们开车一样,起步阶段摩擦力最大。当我们启动之后,就会产生行动惯性。所以,我们需要让这个"启动"尽可能简单。

比如,每天写 1000 个字的目标很难完成,但每天写 50 个字的目标很容易完成,因为我们不需要耗费太多意志力就可以开始行动。神奇的是,开始行动之后,我们可能会每天写 500 个字甚至 5000 个字。这就是"微行动"的力量。

003 深度工作冲刺法

我们都知道，专注力是非常重要的特质。没有专注力，再好的选择放在你面前，你也静不下心来分析，更别提提高竞争力了。注意力总是不集中，该怎么办呢？可以用"深度工作冲刺法"来提高全神贯注的能力。也就是说，让自己在不受干扰的状态下进行一些活动，让这些活动把你的认知能力发挥到极限。

比如，你想提高自己的演讲能力，就可以先拿出一部分演讲内容，屏蔽一切干扰，把所有注意力都集中起来，重复练习直到让自己能很流畅地把这部分内容讲出来。然后重复这个过程，就可以不断提升专注力。哪怕只是一小时，也会让你觉得时间充裕，成就感满满，一整天都没白过。

注意力是一种底层智力，专注力是一切智力的基础。

004 多去素材丰富的地方，让你灵感迸发

灵感，不是从事创意工作的人才需要，它是会影响每个人的。如何才能拥有灵感呢？我们不妨向大厨取经。优秀的大厨总是喜欢亲自去菜市场采购食材，因为那里的食材比厨房里的多，会让他们冒出更多想法。这就是今天要给你分享的小妙招——多去素材丰富的地方。这会让我们看到更多东西，以新的思路思考问题。

比如，你在写作的时候卡住了，最好的方式不是坐着干想，而是多去素材丰富的地方。通过翻书或查阅资料，我们会看到很多一时在脑海里想不起来的细节，从而产生新的想法，打开思路。我们不是缺少说话的素材，而是还没有学会回到素材堆里。没有灵感的时候，请问自己一句："哪里有我的素材？"

005 这个黄金思路，帮你清晰地传达观点

在说话的时候，逻辑清晰非常重要，今天给你分享一个黄金思路，帮你清晰地传达自己的观点："从大到小"。也就是说，按照素材对结论的重要性，从大到小排列，给你的结论提供有力的支撑。

比如，我们想说明豆子有益健康，给出的理由是：第一，与大部分食物相比，豆子含有更高的膳食纤维和蛋白质。第二，它的脂肪和胆固醇含量更低。第三，用豆子可以做出很多美味佳肴。这段话环环相扣，步步推进，简单几句，就把豆子的优势描述得非常清楚。如果打乱顺序，论证就没那么清晰了。这个简单的逻辑，能很好地纠正你在说话中的问题，帮你清晰地表达观点。

清晰的逻辑不仅是一种思维方式，更是一种透过结构看世界的视角。

006 「例行开关法」

许多讲自我提升、成长的文章都会告诉你：道理大家都懂，你做不到，那就是你不够自律。其实，做到自律并不是多么困难的事，只需要一个小技巧——"例行开关法"。就是用一些简单、易行、具有仪式感的小习惯，让自己"条件反射"，告诉大脑：我要进入某种状态了。

比如，你可以在下午两点左右泡一杯红茶，喝两口，然后全力以赴地开始工作，这杯红茶就是一个"例行开关"。把一个动作与某个情境建立高度的关联，久而久之，哪怕是状态不好，我们也可以通过这个习惯，让大脑适应"全力以赴"的状态。

试一试，设置几个这样的"例行开关"，你会发现，自己对生活的控制力提高了许多。

别再迷信"强硬自律"，其实你可以"优雅坚持"。

007 正确地模仿，助你在新领域快速成长

在学习时，模仿不仅不可耻，还非常有必要。初次接触一个新领域，自己盲目探索，看似很努力，却会走很多弯路，不如先完全掌握正确的做法，再根据自己的经验对其进行改进和突破。

当我们学习新东西时，先不要质疑，不要自作聪明地做任何改动，而是先通过模仿，进行全盘理解，临摹思维精髓。

当我们练习演讲时，可以先反复听一个你喜欢的演讲。在听几遍之后，你可以试着用自己的话进行复述，然后再和原版对比，加以改进，逐渐形成一个固定的演讲范式，最后加上自己独到的见解和感受，效果会出乎你的意料。

正确地模仿，像是站在巨人的肩膀上，能帮助我们快速成长，希望这个技巧能给你带来启发。一切事情即模仿，模仿之中能生巧。

008 利用"追问法",让你拥有深度思考能力

很多人习惯被动地接收信息,按照习惯的模式工作和生活。想一想,你已经有多久没有主动思考过了?我们都知道,大脑和肌肉一样,需要不断锻炼,才能活化它的机能。给你分享一个在日常生活中逐步锻炼大脑的小技巧——"追问法"。

也就是平时遇到一件事时,停下来问一问:为什么会发生这种现象?我可以将它跟什么知识联系起来?

比如,你去吃饭的时候,可以和店员攀谈,问一问"你们的店铺租金是多少""你们每天有多少客人"这样的问题。然后对数据进行估算,你就可以通过这种方式,不断地增强对数据的敏感度和认知。

把这个小习惯坚持下去,慢慢地,你会发现,你的头脑越来越灵活了。

真正独立思考的人,在精神上都是君主。

009 乐观向上，对生活有所期待

20世纪70年代，施瓦辛格刚从健美圈进入演艺圈，还不怎么出名。当时有记者采访他，他说："我要成为好莱坞票房第一的影星。"

这个回答让记者大吃一惊，施瓦辛格接着说："就像我做塑身运动一样，我在脑海中勾勒一个成功的自己，然后按照那种形象生活，就像美梦已经成真一般。"

后来，施瓦辛格凭借电影《终结者》，成了全世界最具票房号召力的影星之一。

你可以想象未来的画面，比如，你成为一名霸道总裁或公司的领导，有自己独立的办公室，再也不用挤公交车和地铁……

你要保证脑海里时刻都有一个画面，在生活中时刻都有一种渴求。在这个过程中，你会发现人生有无限可能。

010 这样提问，让你获得的信息量大增

在当今社会，获取信息很重要，那怎样获取信息最有效呢？很简单，提个好问题。有人可能会说，提问题不是很简单的事吗？实际上，并不是提了问题，对方就能给你好的回答。今天给你推荐一个提问模型——"SPI"。

"SPI"即 Situation（背景）、Problem（问题）、Information（信息）这三个单词的缩写，即先介绍你的背景，再提出你面临的问题，最后说出你想要获得的信息。

比如，你是一个想了解互联网行业的应届毕业生，那可以这样问："我刚大学毕业，是学工科的。我想进入互联网行业，请问哪些岗位适合零基础、没有专业背景的人呢？"

第八辑
说话情绪

001 控制情绪的三个方法

我不知道大家身边有没有这样的朋友或同事,情绪特别容易失控,说着话,开着会,说急就急。情绪失控后,智商和情商统统归零,特别容易造成不好的结果。

给大家分享三个我常用的控制情绪的方法。

第一,觉察。觉察自己的情绪状态,判断情绪是否要失控了。

第二,微笑。如果发现自己情绪失控了,停止沟通,让自己刻意地微笑起来。这一招非常管用。

第三,运动。一边慢跑一边深呼吸,让血液循环加快。

如果你能做到觉察、微笑、运动,你一定能更好地控制自己的情绪,减少很多不必要的冲突。

002 大脑和情绪原来还有这种关系

前一节我给大家分享了控制情绪的三个方法，觉察、微笑、运动，接下来给大家分析一下大脑。

我们的大脑在行为上可以分成本能脑、情绪脑、智能脑。本能脑能影响的行为只有三个：战，逃，僵，也就是我们的本能反应。所有生物都有这些行为。而人类特有的是智能脑，创造力、联想力、表达力都与智能脑有关。如果我们的大脑长期被智能脑控制，我们就会创造更多的价值。如果大脑长期被本能脑控制，我们就会特别好斗好战。打开本能脑或智能脑的开关是情绪脑。

正面情绪打开的是智能脑，负面情绪打开的是本能脑，所以大家要不断通过觉察、微笑、运动的方式，让自己处于正面情绪中。

003 控制情绪，真诚道歉

某年春节，演员庞丹驾车撞上了一辆劳斯莱斯，要是其他人，可能下车后会破口大骂："你长没长眼睛！会不会开车！"这样的沟通方式，既无法解决问题，又影响心情。

面对两辆豪车相撞，庞丹的沟通方式是控制情绪，真诚道歉，交换名片，并赠送对方小礼物。结果对方不但没有索赔，双方还成为了朋友，未来很可能在事业上有合作机会。

这件事的价值，远远超过了两辆豪车的损伤成本。暴力沟通只会让问题愈演愈烈，控制好情绪，智慧沟通才是解决问题的最好方法。

004 巧妙运用心理暗示

我们在日常生活中都用过心理暗示，比如，在制定一个计划后，给自己加油鼓劲。正确的心理暗示，可不是对自己说句话就大功告成了。今天给你分享一个小技巧：选择最正面的暗示，帮你获得更强大的心理暗示力。

比如，小刘在跑马拉松之前有些害怕，如果他对自己说"我才不会害怕呢"，那么这种带否定词的消极陈述很难真正改变潜意识里的想法。应该换个方式，变成"我一定能跑完"，或者加上自己的名字并运用第二人称来陈述，暗示效果会更好，比如"小刘，你可以做到，你是最棒的"。

心理暗示具有超常的能量，运用好正面暗示的小技巧，潜意识就会收到我们强烈的信号，从而为我们服务。

005 三个简单的动作，让你表现得更好

我们在日常工作、学习时总是坐着，"静止"是常态。要知道，这种静止的状态，其实会抑制我们的思维。我们需要做的，就是让身体伸展和释放。下面给你分享三个有效的动作：

第一，如果不方便站起来，你可以把手臂放在旁边的椅子上，打开身体，占据更大的空间。

第二，站着听人讲话的时候，站直身体，把双手分开，放在身体两侧。

第三，走在路上时，你可以用手握成拳头，用力伸向天空。

这些扩张的动作，会增强我们对力量和控制的感觉，增强自信、提高注意力。如此简单的动作，就能改善我们的心理状态，让我们在学习和工作中获得更好的表现。

你还有哪些扩张身体的好办法呢？

006 先处理心情，再处理事情

有一次我在一家饭店吃饭，只见隔壁桌的客人跟大堂经理说："你们这个菜不热，不是新出锅的，能不能换一盘？"大堂经理说："不能，这道菜就这样。"客人说："你自己尝尝，菜不仅不热，而且感觉裹着的都是面，没什么肉，我想换一道菜。"大堂经理说："可以换，但两道菜都要付钱。"客人一下子急了，说："你这是什么态度，再这样，我以后就不来了。"

让我万万没想到的是经理的回复，他说："你爱来不来，我们又不缺你这一个。"客户非常不满，直接走人了，还好他们没有再吵下去，否则非打起来不可。临走时，客人说："放心吧，我会让你们快点倒闭的。"从这件事可以看出，先处理心情，再处理事情，是非常重要的说话原则。

007 学会主动道歉

我们都不喜欢那种明明自己做错了事情还死活不承认，态度很差，找很多借口的人。对于这样的人，他越狡辩，我们就越不会原谅他，甚至在减分的基础上进一步减分。很多时候，主动道歉也是一种沟通能力。

某天早上，我叫了一份肯德基外卖，外卖显示 7:48 送达，在 7:46 的时候，快递员打电话给我，说："对不起先生，今天订餐的人实在太多了，我要迟到 10 分钟左右，真的很抱歉，我一定给您尽快送达。"他的态度非常诚恳，我说："好的，您慢慢来、不着急。" 8 分钟后，快递员到了，他的第一句话就是："真的很抱歉，迟到了几分钟。"从他的表达中，我听出了他对这份工作的认真态度，所以对他没有任何责怪。我说："没关系，辛苦了，我给你好评。"

主动道歉，是一种沟通能力。

008 微笑式表达

信息是通过声音来传达的,声音的质量非常重要。有些人的声音冷冰冰的,你听起来就想跟他吵架;有些人的声音非常温柔,给人的感觉就像冬天里温暖的阳光洒满全身。通过电话或网络传达信息时,声音的质量就更加重要了。

这里推荐大家使用微笑式表达。方法很简单,你在讲话前,刻意让自己的嘴角上扬。对,就是这个小动作,当做出这个动作后,你的声音就自带温度了。我以前培训过很多客服,用的就是这个方法,让他们在接电话前保持微笑,这样讲出来的话就会自带温度,能大大提升客户的满意度,而客服自己也很开心。

009 情感对话法

即便是陪伴我们成长的父母，也不能完全了解我们。所以，你希望交往了几年的伴侣或朋友完全懂你，是不可能的。调节我们情绪的关键，在于学会疏解。

今天给你分享一个"情感对话法"。

很简单，你可以找一个安静的房间，在脑中把困扰自己的问题全部列出来。然后想象对面坐着一个人，你把问题说给他听。

接着是最重要的一步：角色互换，也就是说，你要向自己倾诉，然后用自己喜欢听到的语言安慰自己。

这不是简单的自我安慰。这个方法是近年来在国外非常流行、十分有效的一种释放情感的方法。

把理解自己的任务交给别人并不现实。只有疏通了自己，情感才能得到宣泄。

你必须了解的最重要的关系，就是与自己的关系。

010 语气词沟通法

当你想要鼓励一个人的时候,如果不带情绪,可能无法达到较好的效果。你可以使用"语气词沟通法",也就是在你的表达前面加上一个语气词,比如"哇""嘿嘿",让人们快速感受到你的热情和他自己的重要性。

举个例子:

孩子今天用 20 分钟就完成了作业,你可以这样说:"哇!你今天的表现太棒了。这么高效,妈妈为你感到高兴。"

又如,爱人今天穿了新衣服,你可以说:"嘿嘿,你今天的装扮太漂亮了,要和我再拍一次结婚照吗?"

这样的表达,能让对方快速感受到你对他很在意。积极保持这种习惯,能让家庭关系和团队关系更加和谐。

第九辑

上级对下级说话

001 如何高效地对员工提要求

作为团队领导,在给员工安排工作时,常常担心他们会不情愿,从而导致工作完成不到位。你可以使用这个小技巧:"肯定+鼓励"。也就是说,先肯定员工做的一切,再鼓励、引导他自己说出如何能做得更好。

比如,有一次,我安排项目经理小王做一个方案,虽然我把要求都说清楚了,但结果却让我非常不满意。我调整了自己的情绪,对他说:"小王,你是个非常用心的人,这个方案已经很好了,但还可以更好,你觉得有哪些地方还可以再改进呢?"结果,经过沟通,他很快就明白了方案哪里还有问题,第二天就拿出了令我满意的方案。

利用"肯定+鼓励",让员工自己给出承诺,可以有效调动他的积极性,让他主动改进工作。

002 寄予希望比下命令更有效

无论是在家庭生活还是在日常工作中,使用命令式的语言都会让人反感。命令会削弱人的积极性,让对方觉得不被尊重,自然也会影响沟通的结果。

但如果我们把命令的语言换成"希望或者相信别人能做到"这样的语言,效果可能就会不一样。

举个例子:

你对下属说:"你必须在三天内完成这项工作。"下属虽然也会去做,但只会例行公事,按照规定时间去做。但如果你换个说话方式,如"以你的能力,我相信你一定可以在三天内完成这项工作",这样下属会有被肯定和被信任的感觉,就会激发出积极性,出色地完成任务。

只要我们放弃命令式的语言,多使用激励的语言,说话一定会更有成效。

003 学会推功揽过

作为一个小团队的管理者,想要获得下属发自内心的信赖,并不是一件容易的事,给你推荐一个说话小技巧——"推功揽过",也就是把过错揽在自己身上,把功劳让给下属。职场中的决策错误在所难免,快速修正的能力最重要。勇于承认错误的领导者,更有可能凝聚团队的智慧去改善工作。

比如,当大老板怪罪你们部门没完成任务的时候,你可以这样说:"这次没完成任务,完全是我的责任,大家工作都很努力,请您不要责罚他们,一切过失都由我一个人承担!"

管理者要主动承担过错,并适当地把功劳让给下属,这样不仅可以加强团队凝聚力,还能为企业创造更多的发展机会。

004 巧用「三明治法」

很多人抱怨说,在给别人反馈时容易得罪人,可自己明明是好意。今天给你分享一个结合赞美的反馈技巧——"三明治法",就像三明治有上、中、下三层,你的反馈也分为三层,赞美、建议和祝愿。

有一次在我的演讲俱乐部,一位新人第一个举手参加即兴演讲,结果紧张得一句话也没说出来。我是她的点评官,如果我说,"你紧张成这样还举什么手,以后不用来了",她一定会受刺激。我要发现并赞美她的闪光点。我说:"你真的很棒,有勇气第一个举手上台,配得上我们给你的掌声。给你个小建议,下次你再来的时候,还第一个举手,只要说出一句话就算有所突破,可以吗?我从你的身上看到了优秀演讲者的潜力,加油。"结果,她真的又来了,还成了优秀的演讲者。这就是"三明治法"的魔力。

005 掌握"4W1H"说话法,提升管理效率

在开会的时候,很多领导只会强调,工作要抓紧,加快。至于什么时候做完,做到什么程度,下属却不知道,这样是很难继续开展工作的。

在这个快节奏的时代,作为管理者,一定要明确要求,才能提升管理效率。你可以使用"4W1H"说话法。

4个"W"分别代表When(具体的完成时间)、Why(完成的意义)、What(完成到什么程度)、Who(谁来牵头和协助),1个"H"代表How(具体怎么做)。

当你布置任务时,你可以这样说:"这个系统的调试关系到产品最终的上线时间,非常重要,需要在9月30日之前完成。请研发部门牵头,市场部门配合。"这才是一个明确的指令,这样大家才能知道具体该怎么做。

下次当你布置任务时,记得先列出"4W1H",想清楚了再说。

006 掌握"三提法",电话沟通无障碍

与下属进行电话沟通很考验说话的方式,这时你可以使用"三提法",即提效绩、提问题、提建议。

举个例子:

小张刚入职,第一次打电话跟李主任汇报工作,说话结结巴巴的。李主任嘴角上扬,微笑着鼓励他:"年轻人不要紧张,要相信自己,慢慢来。"

于是小张鼓起勇气开始汇报。当汇报完毕后,李主任用提问加总结的方式问:"你说的是这个意思吗?"小张不好意思地回答:"是的。"在谈话的尾声,李主任还热心地给小张提了几个行之有效的建议。小张开心地挂了电话,有了目标和方向,更有动力地投入到接下来的工作中。

灵活运用"三提法",不仅能让你高效地与人沟通,还能与对方建立更和谐的关系。

007 八分认同,两分补充

很多人在沟通的时候,喜欢否定别人的观点,导致对方没有信心讲或者不愿意讲,然后沟通中断。这里推荐你使用这个说话原则——"八分认同,两分补充",也就是用八分的态度去接纳别人的观点,再用两分的精力去补充自己的见解,从而获得对方的信任,取得更好的沟通效果。

举个例子:

小王在向领导汇报工作时,还没说完就遭到了领导的质疑,这时候小王慌了,满脑子都是领导的提问,忘了自己的方案,结果越说越错,让沟通越来越尴尬。好的领导应该用80%的精力把小王的方案听完,再做补充、提建议。

如果想与别人愉快地沟通,即使别人的观点不完全正确,也请先接受80%,等沟通顺畅以后,再表达自己的不同见解。

第十辑

下级对上级说话

001 展示你的未来价值，升职加薪不再愁

在职场中，跟老板谈加薪可不是件容易的事情。其实老板也处在两难的境地，加薪会增加企业的成本，不加薪又会打击员工的积极性。这里给你分享一个小技巧：展示你的未来价值，让老板迅速拍板，给你加薪。

很多人都喜欢说自己有多拼命、过去的成绩有多好，其实老板更关心的是你未来的价值。

举个例子：

你可以对老板说："老板，我制订了一个计划，您看一下，我相信一定能提升现在我带的小团队的凝聚力和员工效能。我相信，我能在未来的一年内，帮公司创收1000万元。所以，希望我的薪水也能相应地提高一些。"老板听完后，一定会很开心，加薪也是自然而然的事了。

002 投其所好式沟通，才能更胜一筹

我们在与别人沟通的时候，往往喜欢按照自己喜欢的方式说话，却忽视了对方的需要。正确的沟通方法应该是投其所好的。

比如，在求职的时候，很多人喜欢说：我多么需要这份工作，我想要多少薪水。其实你更该说的是，你能给这个公司带来什么，给对方一个选择你的理由。

如果 HR 问："这么多人竞争这个岗位，为什么我们要选择你？"

你可以这样回答："根据我以前的经验，如果我加入你们公司，我能帮助公司开拓更大的市场，组建并带领销售团队每年增加至少 500 万元的销售业绩。"

在聊天时投其所好，你就会成为更受欢迎的人。

003 有效反馈坏消息的好方法

接到坏消息该怎么办？如团队业绩下滑、孩子考了倒数第一，这时，指责他们不会有任何效果。

给你分享一个特别好用的方法，叫作"事厚改"，即说事实、表厚望、促改变。

先描述发生了什么事，再表达你的正向期待，最后一起探讨改进方案。

面对团队业绩下滑，你可以这样说："这个季度业绩只达到了200万元，其实以你的实力，达到300万元一点问题都没有。我们一起分析一下，看看还有哪些地方可以改进。"

面对孩子考倒数第一，该怎么说呢？相信大家也已经学会了，先说孩子的分数比较低这个事实，然后表厚望，最后再分析学习方法。

最后用一段顺口溜总结这个方法：说出事实，不判断；表达厚望，心不烦；促进改变，共来探； 效果一定，可预见。

004 「立场+方案+好处」汇报法

当我们需要汇报工作或在会议中探讨新方案时，可以采用"立场+方案+好处"汇报法。

先说立场：陈述自己在某一问题上的立场，观点优先，不绕弯子。

再说方案：明确提出可实行的方案，可以分三个方面来说，关键是方案要可落地、能实现。

最后说好处：如在行动过后，将会产生哪些好处。升华整个汇报，可以使对方快速做出决定。

在工作会议上，很多人常常因为一个问题跟同事探讨半天，依然无果。你可以利用"立场+方案+好处"的汇报法，描绘出蓝图，使会议效率提升，你的汇报会让听众及时掌握信息，达成一致的观点。

005 把「我以为」变成「都是我的错」

在日常生活和工作中,你有没有经常用"我以为"为自己辩解?

比如,老板给你布置了一项工作,你在交付时发现效果完全没有达到预期。这时,老板让你解释,面对不理想的结果,你脱口而出:"我以为……所以才……于是就……"

你觉得自己很委屈、很冤枉,一直在解释原因,但在老板看来,你说的这些根本于事无补,一来解决不了问题,二来你并没有认识到自己存在的问题。

以后遇到这样的情况,试着把"我以为"变成"都是我的错"。

例如:"老板,这次工作没做好,都是我的错,我会找出原因,立刻改进。"

大胆说出"都是我的错",老板听到这句话,一定会对你刮目相看。

006 "观点先行"说话法

工作汇报非常重要，你可以使用"观点先行"说话法，也就是把要汇报的内容浓缩成一个观点，先说出来，这样工作汇报的效率会大幅提升。

举个例子：

你的老板问你："最近的工作业绩如何?"你说："通过我们大家的共同努力，克服了许多困难……终于完成了1000万元的销售任务。"还没等你说出最后的结果，老板可能就不耐烦了。不如调换一下顺序，先说结论："最近的工作业绩已经达到了1000万元，虽然我们遇到了很多困难，但我们通过三种方式克服了这些困难……"

"观点先行"说话法，可以用于所有的交流沟通场合，让别人更加了解你想要表达的观点。当你下次与别人沟通时，不妨先想想你要表达的观点，并把它先说出来!

007 遇到问题，这样向领导求助

在职场上遇到困难时，很多人要么抱怨，要么不愿开口求助，宁愿躲起来自己解决。但要知道，工作是为了解决问题。遇到困难不要紧，准确说出自己的需求才最重要。这里可以分为两步，"说出需求+证明合理"。

也就是先直接说出自己的需求是什么，再明确说出为什么要做这件事及做这件事能达到什么目标。

比如，你可以这么说："领导，我想再申请1万元的预算。因为我得到了一个机会，可以邀请几位顶级商界大咖来参加我们的活动。如果成功了，他们将为我们带来非常大的品牌曝光度，帮助我们节约十几万元的营销预算。"

合理地向老板寻求帮助，还能拉近你们之间的关系。

008 换视角，找亮点，与上司建立良好的关系

在职场中，跟上司建立良好的关系很重要，但我们无法选择上司，甚至可能会遇到"讨厌的上司"，这时我们该怎么办呢？总不能一言不合就离职吧。这里建议你"换视角，找亮点"。

举个例子：

上司抓着你策划书的细微漏洞，絮絮叨叨地说个不停，却丝毫不提本质的内容，让你觉得很不愉快。但抱怨不能解决任何问题，这时不如换个视角，你可以这么说："老板，您说的这些细节问题，确实是我的疏忽造成的，但我还想知道，关于这份策划书的主线，您还有没有什么建议？"

试图改变别人，只会受到对方的抵抗，倒不如转换视角，从上司的缺点中发现亮点，进而跟他建立良好的关系。

009 改掉讲话时的口头禅

不知道你有没有留意过,很多人讲话都有口头禅,常见的口头禅包括"然后""就是""那个"等。如果你的领导发现你在说话时带有口头禅,就会觉得你不专业,还会严重影响审美感受,说话效果也会降低。

如何克服口头禅?关键就是有意识地调整自己的说话方式。

这里我有三个小建议:第一,有意识地放慢语速;第二,每讲一次口头禅就拍一次大腿;第三,告诉领导和同事,每讲一次口头禅,自己就拍一下桌子,然后根据拍桌子的次数决定在微信上发红包的数量。使用这三个方法,你就能有效克服爱说口头禅的缺点了。

010 先说好消息，还是先说坏消息

"我有一个好消息和一个坏消息，你想先听哪个？"调查显示，75%的人愿意先听坏消息，但作为信息传达者，大多数人都会愿意先说好消息。对于优秀的员工来说，先传达坏消息，才能达到更好的效果，因为人们会更加注重最后听到的内容。

比如，你要向顾客推销一款手机，比较一下以下两种说法，第一种说法是："这款手机的处理能力是旧款手机的两倍，但价格是8000元。你觉得怎么样？"第二种说法是："这款手机，虽然价格是8000元，但处理能力是旧款的两倍。你觉得怎么样？"后一种说法明显给人的印象更好，因为"两倍"这个关键词会留在人的脑海中。所以，当你想要消除对自己不利的因素时，你可以先说坏消息。

第十一辑
同级间说话

001 "请教式"沟通法

给你分享一个能改善关系、增进感情的沟通技巧——"请教式"沟通法,也就是用请教对方的方式拉近和对方的距离,让对方感受到自己的价值和重要性。

举个例子:

为了缓和跟同事的关系,你可以这样对他说:"你的业绩一直这么出色,客户关系维护得这么好,我在这方面就不行,我想跟你请教一下,你平时是怎么维护客户关系的?"每个人都喜欢被赞美、被需要,经过几次这样的"请教式"沟通,对方对你的信任感和好感肯定会增加,你们之间的关系也会得到改善。

"请教式"沟通法不仅可以用于同事之间,还可以用于亲子、夫妻、朋友之间,有助于感情升温,让关系变得更加和谐。

002 「亮点+点赞」法

清晨是一天中的黄金时间，我们会在小区、公司楼下遇见很多同事和朋友，如果能愉快地跟他们聊上几句，就会拥有一整天的好心情。这里给你分享一个"亮点+点赞"法。

"亮点"，就是在遇见对方的 5 秒内，发现一个他身上的闪光点。

"点赞"，就是立刻赞美对方。

举个例子：

清晨，你在公司的停车场遇到一位女同事，通过快速观察，你发现她今天穿了件新衬衣，特别好看。那么请你立刻面带微笑，真诚地给她"点赞"："这件娃娃领的衬衣穿在你身上，显得特别精神。"她听了一定会特别开心。

请记住这个好方法，如果你能连续 21 天都这样做，你会发现，你成了最受欢迎的那个人。

003 向前一步加话法

在和朋友、同事的交流中，我们主动一些，会让相处更舒适。如何迈出这一步呢？你可以使用"向前一步加话法"。也就是说，在回应对方时，不要只说"是"或"不是"，在你的回答之后再加上一句话，这样就不会让谈话陷入窘境。

比如，同事问："你最近在玩'王者荣耀'吗？我发现公司里有很多人在玩。"如果你仅仅回答"没有"，那对话就结束了，但如果你说"我没玩过'王者荣耀'，但是我在玩'绝地求生'"，就可以让话题继续下去。

愉快聊天的关键是让对话保持顺畅，与其死板地回答问题，倒不如开动脑筋思考如何延续话题。围绕相关话题多回答一句，是最简单有效的做法。

004 这样赞美对方更有效

好钢要用在刀刃上,赞美人要赞到点子上。你可以赞美对方最在意的事情,比如,你可能会发现对方换了发型、买了件新衣服、刚刚升职、刚生了宝宝,这些都是对方在意的事。

举个例子:

你发现同事换了个新发型,就可以说一句:"哎呀,你换发型啦,这个发型更适合你的气质。"很简单的一句话,可以让他觉得很温暖,不仅是因为赞美,还因为你关注了他。

人性有个弱点——嫉妒。根据我的观察,心存嫉妒的人,很难混得很好。想要混得好,需要有一颗赞美和成就别人的心。注意,赞美对方在意的事还需要及时,假设你的员工刚完成了一个项目,他心里肯定盼望被老板认可和赞美。结果你无动于衷,在两个星期后你才想起来,人家心中的激情早就消退了。

005 感谢对方，需要这个小技巧

道谢似乎是件很简单的事情，但我们在表达感谢的时候很容易犯两个错误：一是只说谢谢，让人觉得敷衍；二是拼命给对方戴高帽子，让人觉得尴尬，没法再聊下去。给你推荐一个真诚地表达感谢的小技巧——增加细节。

举个例子：

如果同事帮你解决了一个问题，你在表达感谢的时候可以这样说："你这次帮了我这么大忙，我真不知道该怎么谢你。为了找这个数据，我熬了好几个通宵，翻了好几十个文件都没查到，幸亏你出手相助。"

你看，这样的道谢有细节、有内容，是不是听起来真诚多了？接下来你还可以跟他聊聊怎么查资料、哪些网站比较靠谱等话题。通过这次道谢，既能拉近你们之间的关系，又能让你学到东西。

006 让对方喜欢上你，只需要做到这三步

怎么赞美别人才能让对方印象深刻呢？我给大家分享一个赞美别人的方法结构，叫作"感—事—比"，即感受、事实、比较。先说感受，再讲事实，把表扬具体化，最后把事实与别人进行比较，表达你的认同。

举个例子：

假如你想要夸一个女同事很漂亮，如果只说"你真好看"，是不是不够打动人？但如果说"你真的很漂亮，你的穿衣风格非常雅致，有邻家妹妹的感觉。很多女生虽然看起来不错，但都是靠浓妆艳抹塑造出来的，我最喜欢的还是你这样的清纯美"，是不是就好很多了？

把"感—事—比"用起来，你会有更好的人际关系。

007 把「我知道」换成「我理解」

想想看，在我们跟别人聊天或沟通时，是回应"我知道"让别人感觉舒服，还是回应"我理解"让别人感觉舒服呢？答案肯定是后者。如果你习惯使用"我知道"，就可以在说话时把"我知道"换成"我理解"，无论是在职场中还是在家庭中，都非常实用。

拿我的两个合作伙伴举例：我和 A 小姐沟通时，她给我的回应经常是"我知道"，我总觉得她就是随口说说，并不是真正领会了我的意思。当我跟另一位 B 先生提要求的时候，他经常回复"我理解"。每当我听到这三个字，就会觉得他是真正站在我的角度考虑问题了。

在回应别人时，不妨把"我知道"换成"我理解"，效果会更好。

008 用『我相信你』加深信任感

获得认可，是我们每个人的基本情感需求，我们总是在寻求能够理解自己、认同自己的伙伴。尤其是当我们兴奋或失落的时候，会更加渴望得到鼓励。这时，如果遇到一个理解自己的人，你就会对对方心存感激，并产生信赖感。这里给你分享一个小句式，它就是——"我相信你"。

这是一种"无条件"式的互动，可以给对方深深的信赖感。

比如，同事取得了好成绩，我们一般会说"你好厉害"之类的话。其实这样说并没有用，不如说"我相信你一定付出了很多，才取得了今天的成就，祝贺你"，这对于渴望被认可的人来说是很珍贵的。

009 巧妙拒绝，也能让关系升温

当别人找我们帮忙时，如果我们帮不到他，直接说"No"很可能会让双方产生隔阂。那如何有效地回绝他人呢？给你推荐一个"Sorry—Because—But"拒绝法，即便是拒绝对方，也能让双方关系升温。即先道歉，再表明不能帮忙的原因，最后推荐一个解决方案。

举个例子：

有个新同事来找我咨询出差报销的问题，可是我也不太清楚。想到拒绝新来的同事可能会伤到他，于是我说："不好意思，我没有处理过这类事务，这个问题我也不太清楚，所以没法帮到你。不过，你可以问一下财务的小张，我把她的微信号推送给你。"

这样的回复，虽然没能直接帮助求助者，但是既礼貌地表达了歉意，又给出了替代方案，双方关系怎能不升温呢？

010 这才是道歉的正确方式

我们在犯了错误之后,都会觉得理亏,会主动向别人示好,想要在某些方面给对方补偿,比如送礼物、请客等。这一招用好了,会让彼此的关系更进一步。推荐你使用"小请求+大惊喜"这个方法。

先以"小请求"试探对方态度,再给出"大惊喜",求得重归于好。

举个例子:

你因为工作失误连累了同事,那么你可以先口头道歉,再邀请对方在公司食堂吃个简餐。如果对方答应了你的邀约,就可以着手安排"大惊喜",把简餐改成海鲜大餐,或是送对方一个别出心裁的礼物。

学会运用"小请求+大惊喜",道歉自然会有好结果。但需要注意的是,在使用时,要根据自己与对方的亲密程度,把握好度和时机。

第十二辑
营销话术

001 巧用"如果法",让销量倍增

从事销售工作的小伙伴一定常常遇到这样的难题,客户会提出各种需求,我们无法跟客户立刻达成共识,导致交易无法完成。这里给你推荐一个在销售中能大幅提高成交率的表达小技巧——"如果法",也就是用"如果……,那么……"这个句式,来帮助客户做决定。

举个例子:

前段时间,我的一个客户要买一套沙发,因为送货地点不在我们的配送范围之内,迟迟无法成交。为了让这一单尽快成交,我说:"如果您今天能下订单,我同意您跨区域送货上门的请求。"于是我们很快达成了共识。

如果你跟我一样在销售过程中遇到过类似的问题,不妨尝试用"如果法",快速和客户达成共识。

002 用『三句半』策略打动对方

在销售过程中，我们很容易说得太多。但你知道吗？最打动人的不是喋喋不休，而是精准表达。今天给你分享"三句半"策略，让你的表达有的放矢，句句直击人心。

先以"简单来说"这半句话开头，接下来讲这样三句话：

第一句是"这个产品特别适合像您这样的人"，用这句话夸对方，彰显他的身份。

第二句是"您使用它之后就会……"，用这句话表明产品的卖点。

第三句是"举个例子来说"，在这里举个用户使用产品的例子，实现成交。

"三句半"策略使复杂的问题简单化、简单的问题通俗化、通俗的问题利益化、利益的问题案例化，利用好它，能有效提升你的成交率。

003 向别人推荐东西的小妙招——"自暴其短"

对方对于你的推荐不屑一顾，主要有两个原因：一是觉得你有私心，推荐不真诚，尤其是当对方提防你卖东西时，特别容易有这种心态；二是对方觉得你推荐的东西不适合他。今天就给你分享一个向别人推荐东西的小技巧——"自暴其短"，先否定，再肯定。也就是说，不要把你推荐的东西夸得完美无缺，先以"自暴其短"的方式主动承认这个东西有缺陷，再提炼出可能适合对方的优点。

举个例子：

假设你要向朋友推荐一部电视剧，你可以这样说："这部电视剧虽然节奏比较慢，但是我知道你最喜欢这种细腻的风格和精细的制作，我相信如果你看了，一定会特别喜欢。"

试试这样说，会让你的推荐更真诚。毕竟，比起完美的东西，人们更想要一个真实的、自己需要的东西。

004 说服客户只需要一个句式

改变客户的想法不是件容易的事,今天给你分享的这个说服模型在关键实刻就可以派上用场,这是一个简单的说服句式:"风险+利益+差异"。即开头先说如果不采纳你的方案会有什么风险;再说如果接受你的方案可以得到的利益;最后表明你的方案的与众不同之处。

举个例子:

你可以这样介绍你的课程:"选择培训师很重要,否则不仅支付了昂贵的培训费用,还会让那么多员工白白浪费时间。我的课程不但能教给学员一整套销售方法论,还有很多技巧和工具,学完了马上就能用。跟市面上其他培训师相比,我从事销售工作超过20年,课程内容全部来源于实践。"

这就是"风险+利益+差异"说服句式。

005 分解价格，让客户感觉更划算

如果你是卖家，你可以在报价时进行"价格分解"，让客户感觉超值。

比如，我的学员苗苗，她在给客户报价时这么讲："我们每年的顾问费用是5万元，您可能感觉比较贵，实际上是很划算的。5万元一年，相当于你们每个月只花4000元就有了一个专属律师团队，他们能随时为您解决法律问题。您还不用缴纳社保、公积金，为您节省了办公成本。我想，您公司前台的成本都比这个高，更何况我们还是一个团队为您服务。另外，据我们统计，有法律顾问的企业通过我们的专业风险防范管控，可以节省的成本不止5万元。"你看，分解了价格后，是不是更容易打动客户了呢？

006 让人舒服且有效的说话技巧

情商高的人,说话让人如沐春风,他们要求别人做事情,别人不仅乐意,还觉得他们值得信赖。其实,让别人按照你的想法来做事并不难。给你分享一个小技巧——"冷热水效应"。就是先让对方尝尝"冷水"的滋味,使他心中的标准降低,这样即使没有得到"热水",他也会为得到"温水"而感到满意。先提一个比较苛刻的条件,再对该条件做出让步,一般会比较容易被大家接受。

举个例子:

如果你希望项目能够在周五完成,你可以对项目组的人说"希望你们能够在周二完成项目",但周二是一个很紧张的时间,在周二完成几乎是不可能的,所以接下来你可以说"我刚刚和老板沟通了,只要在周四完成即可",这样大家就会感觉松了口气。

情商高不仅能让人觉得舒服,还能帮你达到目的。

007 真正提升吸引力的社交技巧

好的故事，情节必须有吸引力，读者才会一直读下去。同样的道理，谈话的内容要能"黏住"听众，才能持续影响他们。给你分享一个提升吸引力的小技巧——"描绘愿景"。很多人听不进你说话，是因为缺乏目标感，我们要为他们描绘一张蓝图，并且越清晰越好。

如果你想让客户购买理财产品，那就尽量把收益描绘得更具体，如："我们的产品预期每年能带来 10% 的收益。如果您投入 20 万元，一年后将有 2 万元利润，足够您和家人出国玩一趟了；如果您投入 100 万元，一年后能获得 10 万元，相当于白得了一辆轿车。"

这样说，是不是就比单说收益好很多？

008 经常这样做，不用开口也能说服对方

99%的说服在我们开口前就已经完成了。在开口之前，虽然我们无法完全掌控接下来要跟对方聊的内容，但我们可以通过一些方法影响对方，从而达到预期的效果。这里给你分享一个"多次接触"策略。接触次数和好感度有直接的关系，就像我们在买东西的时候，会倾向于购买那些自己听说过的商品。

举个例子：

当你和客户接触时，不要急于求成。你可以定期拜访对方，或者与客户在微信上闲聊，时不时地提起自己的需求，增加存在感，给对方留下深刻的印象。

人作为"情感动物"，在做出判断、采取行动的时候，都会不自觉地受到潜意识的影响，而"多次接触"可以帮我们强化对方的潜意识，从而达到有效沟通的目的。

重复的次数够了，奇迹就出现了。

009 用上这招，销售不发愁

我们知道，人是一种惯性很强的动物，除非感受到极大的痛苦，否则很难被改变。我们在说服别人时，就可以巧妙地利用恐惧心理，鼓动他们采取行动。先找到引起人们恐惧的场景，最好给出数据，然后展示你的产品，突出你的产品或服务的优势。

举个例子：

有个特别成功的消毒剂广告是这样说的："在你的厨房里，有几百种细菌。一个细菌细胞在24小时内可以分裂成800多万个细胞，某某牌消毒剂，能杀死家里99.9%的细菌！"

激发出潜在的恐惧感，能让人在下单时毫不犹豫。这种方法并不是吓唬人，而是帮用户解决具体的难题。一旦你把这个方法运用到你的文案中，我敢保证，你的产品销量一定会大大提高。

010 一招提高谈判能力

提到谈判，很多人都会想到《新闻联播》中的两国谈判，其实谈判贯穿我们生活的方方面面。在工作中，我们需要进行商务谈判，在家庭中，你想吃苹果而另一半想吃梨，你们需要商量，这些都属于谈判的范畴。给你推荐一个谈判小技巧——"第三方原则"。也就是说，通过现实中或虚拟的第三方来给对方施加一定的压力，促使愿望达成。

举个例子：

公司想采购一批商品，可是供应商始终不肯降价。你就可以这样说："我们的老板觉得你们的报价太贵，另外一家的报价比你们便宜了 10%。如果你们的报价能够再降下来 10%，我们就可以立即订购。"

这个方法不仅可以用在职场中，同样可以用在家庭生活中。谈判的根本目的，还是为了实现"双赢"。

未经许可，不得以任何方式复制或抄袭本书之部分或全部内容。
版权所有，侵权必究。

图书在版编目（CIP）数据

学会说话：这样说话就对了 / 龙兄编著. —北京：电子工业出版社，2020.3

ISBN 978-7-121-38218-5

Ⅰ. ①学… Ⅱ. ①龙… Ⅲ. ①语言艺术－通俗读物

Ⅳ. ①H019-49

中国版本图书馆 CIP 数据核字（2020）第 008635 号

责任编辑：刘声峰（itsbest@phei.com.cn） 文字编辑：刘甜　王欣怡
印　　刷：三河市鑫金马印装有限公司
装　　订：三河市鑫金马印装有限公司
出版发行：电子工业出版社
　　　　　北京市海淀区万寿路 173 信箱　邮编：100036
开　　本：787×1 092　1/32　印张：4.75　字数：72 千字
版　　次：2020 年 3 月第 1 版
印　　次：2020 年 3 月第 2 次印刷
定　　价：40.00 元

凡所购买电子工业出版社图书有缺损问题，请向购买书店调换。若书店售缺，请与本社发行部联系，联系及邮购电话：（010）88254888，88258888。

质量投诉请发邮件至 zlts@phei.com.cn，盗版侵权举报请发邮件至 dbqq@phei.com.cn。

本书咨询联系方式：39852583（QQ）。